Escrita por
Lindi Masters©

Ilustrada por
Lizzie Masters©

Lindi Masters

Lizzie Masters

A OUTRA ESTÓRIA DO NATAL

Este Livro Pertence a:

É Natal.

Judá animadamente pula para cima e para baixo na sua cama.

"Judá, tens de deitar-te na cama para eu contar-te uma estória!" disse a mãe.

"Judá,", disse a mãe, "Eu quero contar-te a verdadeira estória do Natal."

"Esta estória é importante porque é sobre a maneira que Jesus veio à Terra."

"Embora que Jesus foi o cordeiro morto antes da fundação dos Mundos, Ele teve de vir ao Mundo como um homem." disse a mãe.

Judá deitou-se para ouvir a estória.

Maria era uma rapariguinha que tinha nascido em Nazaré.

Maria veio da geração do Rei Davi e tinha servido no templo desde novinha.

Maria estava comprometida para casar com José que também era da Casa de Davi.

O anjo Gabriel foi mandado por Deus à Maria e disse, "Regozija-te altamente favorecida. O Senhor está contigo, não temas porque achaste graça diante de Deus."

"Eis que em teu ventre conceberás e darás à luz um filho, e o por-lhe-ás o nome de Jesus."

"Como se fará isso, visto que eu não sou casada?" disse Maria.

O anjo Gabriel disse a Maria que ela engravidou porque o Espírito Santo a cobrio com Sua sombra.

"O Santo, que de ti há de nascer, será chamado Filho de Deus." disse Gabriel.

Então Maria contou a José que ela estava grávida e porque José era um homem justo, um Tekton, alguém que é sábio e um trabalhador da geometria sagrada e mistérios; ele não ia expor a Maria e ia guardar segredo.

Um Anjo do Senhor apareceu a José num
sonho e disse-lhe,
"José, não temas receber Maria como a
tua mulher. O bébé que nela está gerado
é do Espírito Santo. Quando Ele nascer, lhe
chamarás de Jesus."

Um decreto foi enviado a todo o mundo por César Augusto que cada um devia registrar-se na sua própria cidade.

Então José levou Maria que estava grávida de nove meses e foi para Belém.

Quando José e Maria chegaram a Belém, não havia lugar para eles em nenhuma das pousadas pois havia muita gente na cidade.

Então eles encontraram o que podia ter sido uma cave.

E lá Jesus nasceu. Eles O envolveram-No em panos e deitaram-No na manjedoura.

Havia Pastores ou Vigilantes que vigiavam o rebanho de Israel durante a noite, que é o tempo em que nos envolvemos em mistérios.

O Anjo do Senhor apareceu-lhes e a glória do Senhor brilhou ao redor.

O Anjo do Senhor disse-lhes, "não temais porque eis vos trago novas de grande alegria."

Ele disse-lhes que o Messias tinha nascido em Belém.

Todos os anjos e exércitos celestiais começaram a louvar a Deus.

Então quando o Anjo do Senhor partiu, os vigilantes foram a Belém e encontraram Jesus envolvido em panos, deitado numa mangedoura.

Quando eles partiram contaram a todos o que tinham visto e louvaram d Deus.

Entretanto......

Quando Jesus veio do Pai, através do Mazzaroth, seguido pela Sua estrela, havia nove Magos que entraram pelo portão Leste para Jerusalém.

Enquanto viajavam, eles perguntaram onde estava o Rei dos Judeus, porque eles tinham visto a estrela Dele e tinham vindo para adorá-Lo.

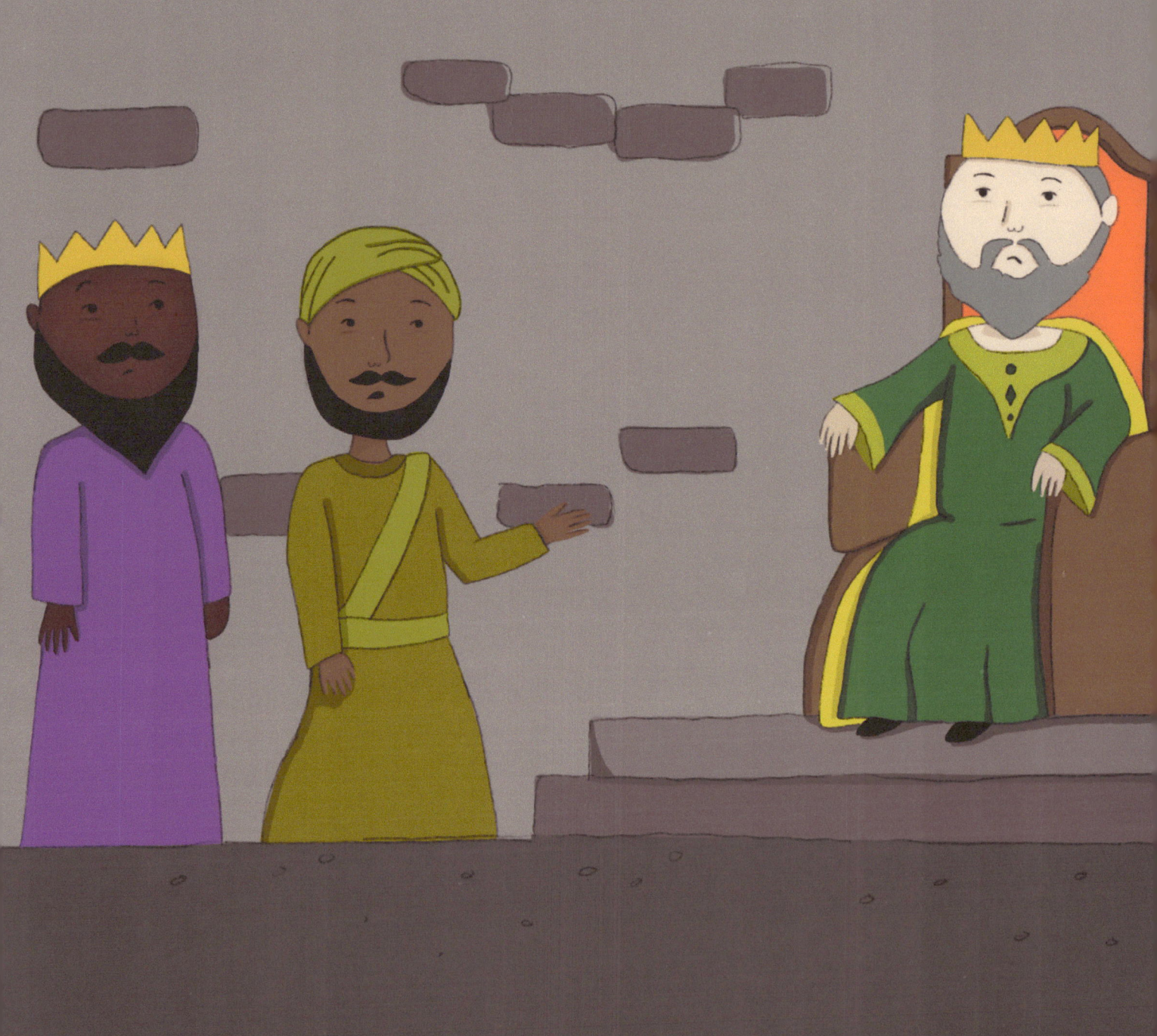

Herodes estava muito preocupado, ele chamou todos os sacerdotes principais e escribas. Eles disseram-lhe que of Rei dos Judeus nasceria em Belém.

Herodes chamou secretamente os Magos para penguntar-lhes quando tinha aparecido Sua estrela.

Pediu-lhes que voltassem e dissessem onde estava a criança para ele ir adora-Lo. Mas ele estava a ser deshonesto.

Os Magos seguiram a Sua estrela até que ela parou onde a criança estava.

Quando entraram na casa, viram uma criança novinha e adoraram-No e deram-Lhe muitos tesouros.

Eles foram avisados num sonho para não voltarem a Herodes e partiram por outro caminho.

Quando os Magos partiram, o Anjo do Senhor falou com José num sonho. Ele disse a José para levar a criança e Sua mãe depressa para o Egito e ficar lá até que ele fosse avisado.

Herodes queria destruir a criança!

Herodes mandou matar todas as crianças do sexo masculino com menos de dois anos de idade em Belém e arredores porque foi o período de tempo em que os Magos disseram-lhe que a Sua estrela tinha aparecido.

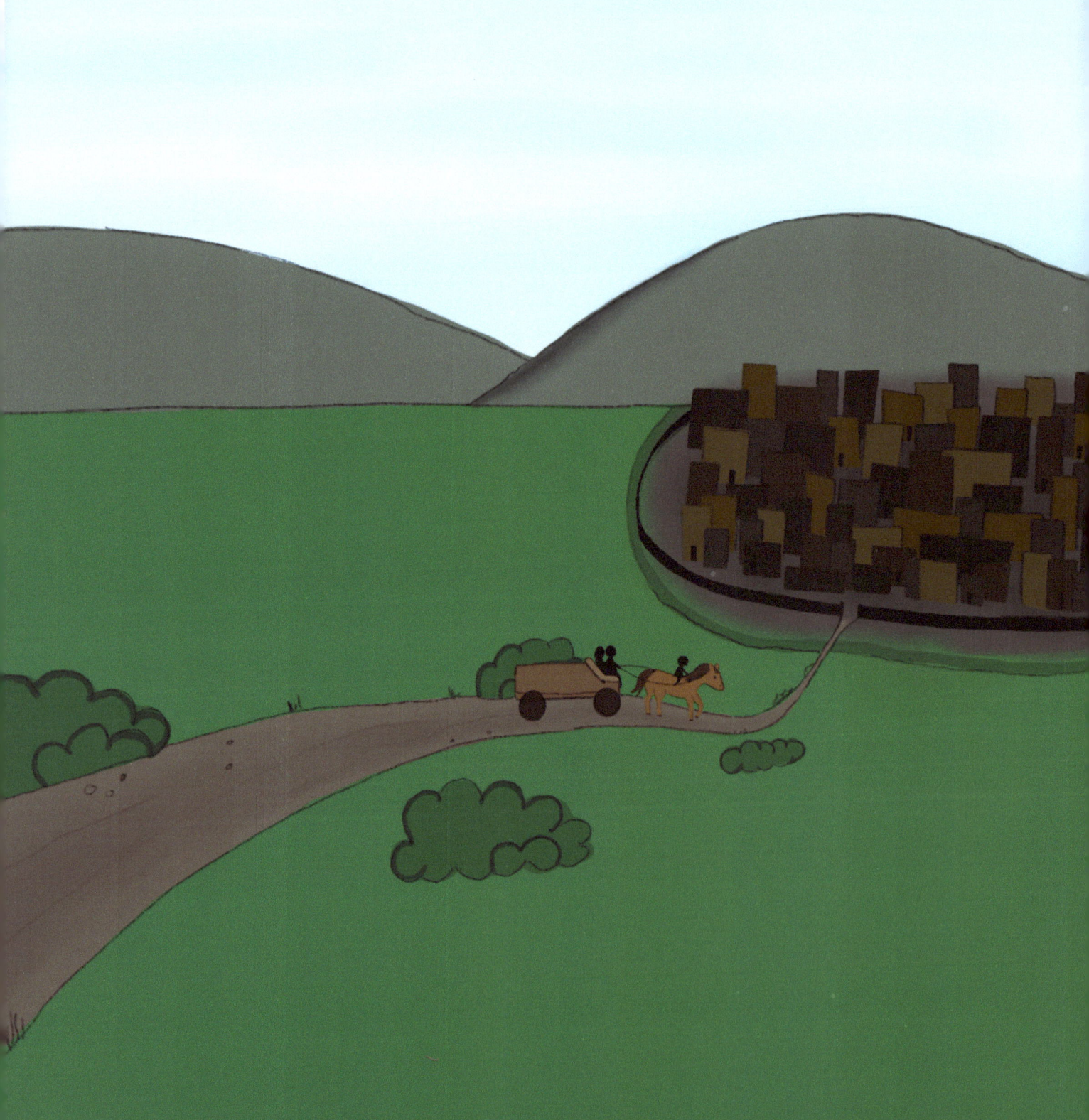

Mais tarde, José foi avisado por Deus num sonho para voltar para a Galileia e ele voltou para a cidade de Nazaré.

Judá adormeceu e sonhou com os mistérios de Deus durante aquela noite.

Ele ficou tão feliz com a estória do Natal e que Jesus tinha vindo à terra para ser nosso Rei e nosso Salvador.

"Boa noite Judá." disse a mãe, ao fechar a porta.

Jorun
age 10

Hannoh G.

Josef
Mery aria

Jeiel (9)

Watcher

Locke
age 7

The watchers watching over the House of Israel.

Este livro foi criado para inspirar as crianças a questionar a estória que eles sempre conheciam sobre o nascimento de Jesus.

Para procurar os mistérios escondidos que a Bíblia tem para nós e amar o mais incrível conto milagroso e precioso que a Bíblia tem.